HOMELIE II.

POUR LE DIMANCHE

DE LA

QUINQUAGESIME,

SUR

L'AVEUGLE DE JERICHO.

Par M. le Curé de S. Sulpice de Paris.

A PARIS,

Chez RAYMOND MAZIERES, ruë S. Jacques, prés la ruë
du Plâtre, à la Providence.

M. DCCVII.

AVEC APPROBATION ET PRIVILEGE DU ROY.

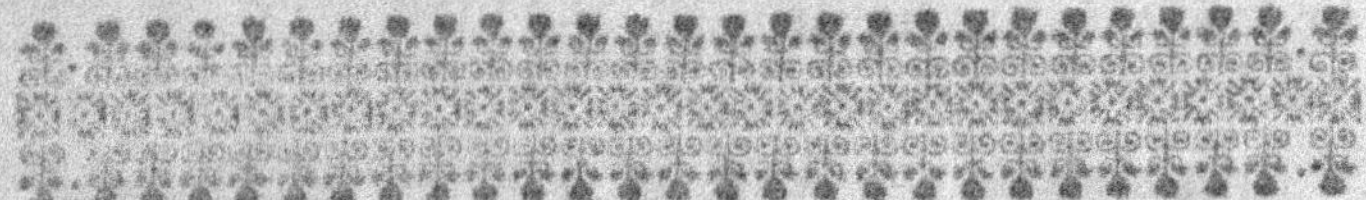

TEXTE

DU SAINT EVANGILE

SELON SAINT LUC.

EN ce temps-là : Jesus prit les douze Apôtres & leur dit : Voicy que nous montons
en Jerusalem , & que toutes les choses que les
Prophetes ont écrites du Fils de l'Homme seront accomplies. Car il sera livré aux Gentils,
on le chargera d'opprobres, on le flagellera , &
on luy crachera au visage ; & aprés qu'ils l'auront flagellé, ils le feront mourir, & il ressus-
citera le troisiéme jour ; mais ils ne comprirent
rien à tout ce discours : c'estoit pour eux des
choses cachées , & ils n'entendoient point ce
qu'il leur disoit. Or il arriva que comme il ap-
prochoit de Jericho , un aveugle qui estoit assis

4

sur le bord du chemin, & qui mandioit, ayant
oüi le bruit du peuple qui paſſoit, s'enquit de
ce que c'étoit ; on luy dit que c'étoit Jeſus de
Nazareth qui paſſoit. Auſſi-toſt il s'écria, diſant :
Jeſus fils de David, ayez pitié de moy. Or ceux
qui alloient devant le reprenoient, & luy di-
ſoient qu'il eût à ſe taire, mais il crioit encore
plus fort : Fils de David ayez pitié de moy :
Alors Jeſus s'arrêtant, commanda qu'on le luy
amenât ; & comme il ſe fut approché, il l'in-
terrogea, diſant : Que voulez-vous que je vous
faſſe ? Seigneur, dit-il, faites que je voye, &
Jeſus luy dit : Voyez, vôtre foy vous a ſauvé,
& auſſi-toſt il vid, & le ſuivoit en glorifiant
Dieu. Et tout le peuple ayant vû ce miracle
donna louange à Dieu. *Luc*. 18. 31.

Voilà l'Evangile du jour : Voyez les autres circonſtances de ce même
miracle rapporté dans S. Matthieu, ch. 20. 17. & dans S. Marc, ch. 10.
32. parce qu'on les explique icy.

HOMELIE SECONDE
SUR
L'AVEUGLE DE JERICHO.

SI les guerisons que Jesus-Christ operoit sur les corps, mes tres-chers Freres, étoient miraculeuses, elles n'étoient pas moins instructives, & nous devons les regarder comme des marques de sa sagesse, aussi bien que comme des effets de sa puissance & de sa bonté. Chaque action de la parole incarnée, étoit elle-même une parole sensée, dit saint Augustin; *Factum verbi, verbum est.* Car premierement, outre la démonstration éclatante de la divinité de celuy qui les faisoit, elles étoient de plus, des signes de la guerison spirituelle de nos ames, que ce divin Medecin nous apportoit, & elles en étoient comme les arrhes: De plus elles disposoient

ceux qui voyoient ces merveilles exterieures, à croire
les mystéres cachez qu'ils n'y voyoient pas, & elles en
étoient la preuve. C'est ainsi que la guerison du Para-
lytique fut pour luy un signe de la remission de ses pechez, & pour les Juifs une preuve du pouvoir que Jesus-Christ avoit de les remettre; & pour nous un gage
du bienfait, de soy permanent, de la justification de
l'ame, que ce bienfait passager du corps promettoit &
figuroit. Que le Chrétien peu instruit n'aille donc pas
dire que ces premiers tems où l'on voyoit tant de miracles étoient plus heureux que ceux-cy, où l'on en
voit si peu; puis que ces miracles passez, que nous
n'avons plus, n'étoient que des moyens de parvenir à
la foy presente que nous avons. D'ailleurs le cœur
pieux du fidele qui croit, n'est-il pas préferable à la
main tremblante de Thomas qui touchoit? & les yeux
de l'esprit humain, que la foy ferme aujourd'huy, aux
yeux du corps que la curiosité ouvroit autrefois? N'est-
il pas plus admirable de voir sans cesse parmy nous
guerir & ressusciter les pecheurs morts spirituelle-
ment, qu'il ne l'étoit alors de voir quelquefois des
malades & des morts guerir & ressusciter corporelle-
ment? Ne cherchons donc pas à voir en terre ce que
nous croyons du ciel, cherchons plûtôt à posseder au
ciel ce que nous ne voyons pas sur terre. Enfin ces maladies corporelles que le Seigneur guerissoit par sa puissance, étoient elles autre chose que les images de nos
maladies spirituelles, dont ce même Seigneur venoit
nous délivrer par sa grace? Car que representoit cette
femme courbée vers la terre qui ne pouvoit regarder

le ciel , & que le démon tenoit enchaînée , & cette main aride d'un autre malade , sinon le triste état de la nature humaine excluë du ciel , esclave du démon , toute terrestre par ses basses inclinations , & dans l'impuissance de faire le bien : que signifioit cet homme sourd & muet presenté au Sauveur , sinon la surdité du pecheur à entendre la verité , son orgueil à confesser sa misere , & sa nonchalance à invoquer son liberateur; enfin que signifioient la paralysie , la lepre , l'hydropisie , la fièvre de ceux qui furent gueris par Jesus-Christ , sinon nos pechez spirituels , nos convoitises charnelles & les passions ardentes qui nous devorent? Apprenons donc à nous élever de la lettre à l'esprit , à ne nous pas contenter de l'écorce , ou de la superficie de l'Ecriture , mais à en approfondir le sens : imitons cet homme sage de l'Evangile qui creuse bien avant en terre , *fodit in altum* , afin de poser le fondement d'une pieté également éclairée & solide ; *Miracula Christi* , dit saint Gregoire , *sic accipienda sunt ut & in veritate credantur facta , & tamen per potentiam aliud ostendant & per mysterium aliud loquantur.*

Au reste , ne croyez pas , mes tres-chers Freres , que les deux parties de l'Evangile que vous venez d'entendre , n'ayent aucune liaison entre elles , & que la passion du Sauveur , & la guerison d'un aveugle , jointes ensemble , soient un effet du hazard , & non de la Providence ; l'Esprit de Dieu dirige l'Eglise dans le choix des veritez qu'elle propose à mediter , aussi bien que dans l'exposition des dogmes qu'elle ordonne de croire , & ce ne doit pas être un des plus mediocres

foins du Chrétien ſtudieux , que de découvrir les ſe-
crets rapports que toutes les parties de l'Evangile ont
enſemble.

En effet , ſi l'illumination de cet aveugle n'a rien de
plus merveilleux , que d'être l'image ſenſible de la con-
verſion du pecheur qui recouvre la lumiere de la grace , la paſſion du Fils de Dieu n'eſt-elle pas la ſource de
cette admirable operation ? Celle-cy en eſt la cauſe , &
l'autre l'effet ; & le Seigneur aſſemble ſes Apôtres , pour
leur découvrir cette excellente doctrine par ſes paroles,
& pour la leur confirmer par un miracle.

Vous ne l'annoncez , Seigneur , qu'à un petit nom-
bre de Diſciples , & en ſecret , parce que peu de per-
ſonnes ſont capables du myſtere de la Croix : vous
vous ſervez de ce mot : Voicy : *Ecce* ; qui dans le langage ſaint eſt d'ordinaire l'avancoureur de quelque
myſtere , ou de quelque miracle qui va ſuivre , la
Croix renfermant l'un & l'autre : *Voilà* , leur dites-
vous , *que nous montons à Jeruſalem* , afin de nous faire
comprendre par cette expreſſion , que pour arriver à la
Jeruſalem celeſte , dont celle-là n'étoit que la figure ,
il faut ſe ſeparer des choſes baſſes ; s'élever vers le
Ciel , & ſurmonter nos répugnances à la vertu , &
nos penchans aux vices.

Vous leur déclarez , Seigneur , que vous ſerez livré entre les les mains des Pontifes Juifs , beaucoup
plus aveugles que n'étoit celuy qui mandie aujour-
d'huy ſur le grand chemin , & auſquels vous deſiriez
bien plus ardemment rendre la vûë de l'eſprit , qu'à
celuy-cy la vûë du corps ; vous ajoûtez que vous allez

lez être couvert d'opprobres, vôtre visage défiguré
par des crachats ; & vôtre corps déchiré par des fla-
gellations, sans doute pour destiller les yeux aux hommes sur l'énormité du peché , sur les peines qu'il merite , & sur l'obligation qu'ils ont de l'expier par la
penitence ; mais ce langage fut un énigme pour vos
Apôtres , parce qu'ils ne voyoient encore goute dans
le mystere de la Croix. Chose étrange ! S. Jean Baptiste
qui connut les grandeurs du Verbe incarné , ne connut pas jusqu'où alloient les humiliations de cet Homme - Dieu , lors qu'il luy dit : C'est moy qui dois
être baptisé par vous , & vous venez à moy ; *Et tu ve-
nis ad me* , vous à moy ! La profondeur d'un tel abais-
sement ébloüit ce grand Précurseur , le plus éclairé
des Prophetes. Saint Pierre , le premier de vos Apôtres , penetra sous l'obscur exterieur de vôtre humanité , l'éclat lumineux de vôtre divinité , & il en fit
une profession autentique ; mais un moment aprés ,
ses lumieres l'abandonnerent , & il ne vit plus rien sur
le mystere d'un Homme-Dieu souffrant , objet inac-
cessible à la lueur de la raison humaine. *Absit , Domine , non erit tibi hoc. Domine , tu mihi lavas pedes !*

Pourquoy donc s'étonner si vos Apôtres , encore
si peu sçavans , ont aujourd'huy les yeux fermez sur
vôtre Passion , & sur vôtre Resurrection ? ouvrez-
nous-les, Seigneur , ces yeux de la foy , pour nous
faire comprendre les épaisses ténebres du peché qui
nous donne la mort , & les vives lumieres de vôtre
grace qui nous donne la vie.

En effet , l'Evangile d'aujourd'huy , mes tres-chers

Freres, renferme en abregé cette haute Theologie ;
nous découvrant en la personne d'un pauvre aveugle
assis sur le bord du grand chemin, l'état déplorable
où se trouvoit le genre humain avant sa redemption,
& où se trouve encore à present chaque pecheur avant
sa conversion, & nous fait voir de plus, le progrés
admirable de la guérison de l'un & de l'autre. Ap-
portons à ce festin spirituel des cœurs avides & assa-
mez, & nous serons rassasiez du pain de la verité,
disoit saint Augustin à son peuple : *afferte fauces esu-*
rientes.

Cæcus mendicans sedebat juxta viam. Un pauvre aveugle
étoit assis sur le bord du grand chemin.

Quatre choses qui sont à expliquer.

PREMIERE CONSIDERATION.

1°. C'étoit un pauvre aveugle, *cæcus quidam* ; mais
cet aveugle figuroit tout le genre humain. En effet,
en quel aveuglement, à l'exception du Juif déposi-
taire des Oracles sacrez & des promesses divines,
n'étoit-il pas plongé avant la venuë de Jesus-Christ ?
Genus humanum est ipse cæcus, dit saint Augustin, *si*
enim cæcitas est infidelitas, & illuminatio fides, quem fide-
lem quando venit Christus invenit ? A peine les plus ce-
lebres Philosophes sçavoient-ils s'il y avoit un Dieu,
ou s'il n'y en avoit pas : s'il y en avoit un ou plusieurs ; si le monde existoit de toute éternité, ou s'il

avoit été créé dans le temps ; si l'ame de l'homme étoit immortelle, & differente de celle de la bête, ou non ; s'il y avoit un autre monde que celuy-cy ou s'il n'y en avoit pas ; ils ignoroient la dignité de l'homme innocent, sa chûte, son châtiment, son exclusion du Paradis, sa condamnation, sa dépravation, & sa dégradation ; son esperance en un liberateur, la redemption future, la recompense du juste, & la punition du pecheur aprés cette vie, la resurrection & le jugement general : toutes ces sublimes & si necessaires connoissances étoient cachées à leurs yeux, les tenebres & l'ignorance couvroient toute la terre, & la verité n'étoit plus parmy les hommes : des fables honteuses & ridicules avoient pris la place des plus importantes veritez : l'homme avoit si profondement oublié qu'il étoit l'ouvrage des mains de Dieu, qu'il croyoit à son tour, que Dieu pouvoit bien devenir l'ouvrage des siennes, & l'Univers que ce souverain Ouvrier avoit formé pour manifester sa puissance & sa sagesse, & pour faire éclater sa gloire, étoit devenu comme un temple d'Idoles ; on adoroit le soleil & la lune, le ciel & la terre, les animaux & les élemens, les reptiles & les insectes : jusqu'aux démons & aux vices, tout étoit Dieu excepté Dieu même : & ce nom adorable dont la majesté consiste à se rendre incommunicable à tout autre, se partageoit & s'attribuoit aux plus viles creatures & aux plus abominables desordres : ainsi l'homme aveuglé & égaré, s'occupant sans cesse de Dieu, le cherchant par tout, s'imaginant le trouver par tout, &

F ij

s'en faisant un de tout, montroit évidemment qu'il l'avoit perdu, qu'il ne sçavoit plus où il étoit, & que le flambeau de la verité s'étoit éteint dans son cœur : cependant malgré de si épaisses tenebres, l'impression de la Divinité toute cachée qu'elle fût, parut elle jamais plus vive & plus universelle, que quand l'homme aveugle ignoroit le plus son auteur, qu'il fléchissoit le genou devant toute créature, & que semblable à ces enfans illegitimes, prests d'adopter un chacun pour pere, parce qu'ils ne sçavent pas quel est le leur, il adoroit tous les Dieux étrangers, ne reconnoissant pas le veritable. *Cæcum quippe est genus humanum*, dit le grand saint Gregoire, *quod in parente primo à paradisi gaudiis expulsum, claritatem superni luminis ignorans damnationis suæ tenebras patitur.*

Mais ne sont-ce pas-là encore les tenebres que le pecheur éprouve au milieu mesme du Christianisme ? Peu à peu sans raisonnement, sans étude, sans reflexion serieuse, les veritez de la Religion s'éteignent en luy, & il devient impie sans en sçavoir la raison : les épaisses vapeurs qui s'élevent du limon de la chair, ont bien-tôt obscurcy les lumieres de son esprit, comme saint Augustin ne l'experimenta que trop. *Exhalabantur nebulæ de limosa concupiscentia carnis, & obnubilabant atque obfuscabant cor meum* : Car quel plus grand aveuglement que de préferer la terre au ciel, le temps à l'éternité, les choses perissables aux biens permanens, la créature au Créateur, les vaines joyes du monde à la possession de la gloire éternelle des Saints. *Cæcus erat*, & de-là vient ce mépris de l'Ecriture,

cette incredulité des mysteres, ce dégoust des Sacre-
mens, cette ignorance des veritez les plus necessaires,
& des obligations les plus essentielles.

2°. Cet Aveugle étoit un pauvre mandiant, *mendicans*, pour nous montrer l'affreuse pauvreté où le
peché a reduit l'homme, luy ayant ravy les biens
de la nature, de la grace & de la gloire.

De la nature, le privant des alimens, s'il ne se les
procure à la sueur de son visage : ruinant sa santé
par des maladies continuelles : enfin luy ôtant la vie
par une mort certaine. Les animaux se trouvent abon-
damment pourvûs de vestemens, d'alimens, de lo-
gemens, de medicamens & d'armes convenables
pour leur conservation : la nature donne mesme à
plusieurs une vie longue & saine : mais tous ces biens
sont refusez à l'homme, ou ils luy coûtent infini-
ment cher, & la terre devenuë ingrate à son égard,
ne luy produit par elle-mesme que des épines & du
poison : dépoüillé en partie du domaine qu'il avoit
sur les animaux dont il étoit le Roy, il sent que pour
s'être revolté contre son Créateur, ils se sont revol-
tez contre luy : & il faut qu'il emprunte d'eux de
quoy fournir à ses necessitez les plus pressantes : il
est vray qu'il y a quelques riches sur la terre, mais
leurs convoitises insatiables, & leurs besoins infinis
croissent à proportion de leurs richesses, & ils de-
viennent pour y satisfaire, plus indigens que les plus
pauvres. L'homme peu content de luy-mesme, va
comme de porte en porte mandier des plaisirs dont
il est si avide & si dépourvû. Il va chercher icy le

plaisir des spectacles, là celuy de la symphonie, de la bonne chere, du jeu, des curiositez, des voluptez sensuelles : en un mot, semblables à ces méchans œconomes, il emprunte honteusement par tout, & ne s'enrichit jamais luy-mesme.

Mais que dire des biens de la grace dont l'homme a été dépoüillé par son crime ! qu'est devenuë cette sainteté intérieure, & cette innocence originelle dont il avoit été revêtu comme d'un ornement precieux ? cette ressemblance avec son Créateur, cette robe d'immortalité qui faisoit sa gloire & son bonheur ; cette sagesse qui éclairoit son entendement, cette justice qui regloit ses desirs, cette force qui contenoit ses passions, cette temperance qui moderoit ses appetits ? Tout cela luy a été ôté : il a perdu la dignité d'enfant de Dieu, il est devenu comme le tributaire de ses convoitises & des demons, qui semblables à des voleurs inhumains, l'ont dépoüillé jusqu'à la nudité, ainsi que le fut cet autre voyageur sur le chemin de Jericho. Quelles soustractions de graces ne souffrent pas ceux qui en ont abusé, lesquels se sont fait une habitude de resister au saint Esprit, & qui pour n'avoir pas voulu faire le bien quand ils le pouvoient, en viennent enfin à ce triste délaissement de n'estre presque plus en état de faire le bien qu'ils voudroient, tant est grande la diminution de lumiere, de volonté, de pouvoir, qui tour à tour se succedent souvent, & qui rarement se réünissent en bien des sortes de pecheurs, pour s'estre eux-mêmes désunis de Dieu.

Et pour les biens de la gloire, l'homme n'a - t - il

pas été chassé du Paradis, exclus de l'heritage celeste, & condamné à une peine qui ne finira jamais,
pour avoir détruit en luy un bien qui ne devoit jamais finir? tel est le sort des pecheurs. Combien le
vice apauvrit-il de gens, que de Maisons opulentes
ruinées par l'intemperance, le jeu, la luxure, l'am-
bition? à combien de personnes de l'un & de l'autre
sexe le peché ravit-il la santé, les forces, la reputa-
tion, la vie mesme? aprés cela faut-il s'étonner si le
desespoir & l'infidelité les portent à ne plus croire ou
à ne plus prétendre à ces biens éternels qui leur étoient
promis.

3°. Ce pauvre aveugle étoit sur le bord du grand
chemin, *secus viam*: quel est ce grand chemin, sinon celuy qui conduit à la mort, cette voye large &
spacieuse qui aboutit à la perdition, par laquelle mar-
chent une infinité de pecheurs, d'avares, de volup-
tueux, de sacrileges, d'impies, de blasphemateurs,
d'orgueilleux, de sensuels, des troupes entieres de
prévaricateurs & d'adulteres, comme s'exprime l'Ecriture, *quia omnes adulteri sunt*, *cœtus prævaricatorum*. Là
tout est applani, point de scrupules, point de diffi-
cultez de conscience, point de montagnes ou d'obstacles à surmonter, point de desirs du cœur humain à combattre: là on ne sçait ce que c'est que de
se faire violence, personne n'y est géné par l'obser-
vation des preceptes, ni importuné par les repre-
hensions: on n'y entend point dire, cela ne vous est
pas permis: le vice y est toujours plaisant ou excusé,
& la vertu toujours incommode ou ridicule: la loy

du jeûne & de la penitence n'y gênent personne, toute severité en est bannie : là on n'entend point retentir les maximes étroites de l'Evangile, que le royaume des cieux souffre violence, qu'on doit renoncer à toutes choses pour l'obtenir ; qu'il faut refrener ses inclinations déreglées, & crucifier sa chair avec ses vices & ses convoitises, personne n'y chante avec le Psalmiste : Est-ce que mon ame ne sera pas soumise au Seigneur ? Enfin, dit saint Ambroise, il faut que ce chemin soit large & spacieux pour contenir les pecheurs, qui enyvrez des délices du siecle, se jettent à droit & à gauche comme des insensez, *lata & spatiosa via mundi, ut poßit capere fluctuantes ebriosos.* Yvresse spirituelle dont les noires vapeurs nous font oublier le Créateur, & nous plongent dans l'amour de la créature. *Gaudens vinolentia in qua te iste mundus oblitus est Creatorem suum, & creaturam tuam pro te amavit, de vino invisibili perversæ atque inclinatæ in ima voluntatis suæ,* disoit saint Augustin : tel est ce grand chemin de notre Aveugle.

4°. Mais pour comble de misere, ce pauvre aveugle étoit assis, *sedens juxta viam*, ce qui figure l'état fixe & permanent de pecheur enseveli dans le crime : Heureux l'homme, dit le Prophete, qui n'est point allé dans le conseil des impies : voilà le premier pas de l'enfant prodigue, de s'en aller de la maison paternelle, & de s'associer avec les méchans, les impies, les luxurieux, les libertins, & de dire avec eux : *Eamus & faciamus*, allons & faisons comme les autres, soyons ambitieux, coleres, vindicatifs, orgueilleux :

leux : allons aux spectacles, aux lieux de débauches , aux assemblées prophanes , aux jeux publics, *venite ergo fruamur bonis* : employons le moment present de nôtre vie à satisfaire nos sens dans toutes sortes de voluptez , goûtons tout ce que les créatures ont de charmes & d'attraits , & hâtons-nous de joüir de tous les plaisirs que la jeunesse nous peut fournir , *eamus & faciamus.* Telles sont les premieres démarches de celuy qui s'engage dans la route du vice ! Heureux celuy qui n'y entre pas. *Beatus vir qui non abiit in concilio impiorum !* Heureux celuy qui ne s'y arreste pas , c'est le second degré , *& in via peccatorum non stetit ,* qui ne s'attache pas au monde, qui ne s'amuse point à considerer ses vanitez , & qui ne se plaît point dans un tel séjour ! Heureux qui ne s'y assit point comme dans la chaire empoisonnée du vice par un état stable & permanent. Le premier marche, *abiit ;* le second s'arrête , *stetit ;* le troisiéme s'asseoit , *sedit :* il s'asseoit, c'est-à-dire, qu'il établit son domicile, & qu'il dresse son lit dans la region des tenebres, pour s'exprimer avec l'Ecriture, *Et in tenebris stravi lectulum meum ,* par les habitudes inveterées qu'il contracte. Il va même plus loin , il ose dogmatiser & enseigner le libertinage & l'impieté : l'insensé dit qu'il n'y a point de Dieu, mais il ne le dit que dans son cœur : *Dixit insipiens in corde suo , non est Deus :* mais ce faux docteur le prêche & le publie , *in cathedra pestilentiæ :* Tel est le progrez détestable du crime dans l'ame du pecheur, representé par nôtre pauvre aveugle assis sur le bord du grand chemin , *Cæcus quidam*

G

mendicans sedens juxta viam. Voyons à present par quels degrez il sortira de cet abîme, & par où de l'aveuglement il parviendra à la lumiere.

SECONDE CONSIDERATION.

Voicy sa premiere disposition.

1°. Il écoute, il entend le bruit de ceux qui passent, & qui accompagnent Jesus-Christ, & il en est surpris, *cùm audißet turbam prætereuntem :* c'est beaucoup quand du moins le pecheur n'a pas perdu la foy, *fides ex auditu,* aussi le Sauveur ne dit-il pas à cet aveugle, ainsi qu'à tant d'autres qui demandoient la guérison de leurs maux, selon la remarque de S. Chrysostome, si vous pouvez croire, toutes choses seront possibles, *si potes credere, omnia poßibilia sunt credenti.* Croyez-vous que je puisse vous guérir ? *creditis quia hoc poßum facere vobis.* Ses cris redoublez, & sa priere ardente, font assez voir qu'il avoit de la foy. En effet l'Evangile ne dit pas que nôtre Aveugle fût au milieu du grand chemin, mais sur le bord, *juxta viam :* & nous verrons bien-tost qu'il l'avoit conservée, & que c'est elle qui le sauvera : *fides tua te salvum fecit,* luy dira le Sauveur. Figurons-nous donc un pecheur prêtant l'oreille aux menaces terribles qui grondent sur sa teste, representées par ce bruit du peuple qui marche autour de nôtre Aveugle. Il entend avec effroy ces paroles : Que les pecheurs soient précipitez dans les enfers. *Convertantur peccatores in in-*

fernum , omnes gentes quæ obliviscuntur Deum. C'est une chose horrible que de tomber entre les mains du Dieu vivant. *Horrendum est incidere in manus Dei viventis.* Qui de vous pourra habiter dans un feu dévorant, dans des braziers éternels ? *Quis ex vobis poterit habitare cum igne devorante, cum ardoribus sempiternis.* La punition des fornicateurs sera d'être jetté dans un étang embrasé de feu & de souffre : *fornicatoribus pars illorum erit in stagno ardenti igne & sulphure.* Allez maudits au feu d'enfer, qui est preparé au diable & à ses anges : *ite maledicti in ignem æternum , qui paratus est diabolo & angelis ejus.* Toutes ces épouvantables veritez sont comme autant de coups de tonnerre qui le consternent , & il les entend avec effroy.

2°. Nôtre Aveugle s'instruit , *& interrogabat quid hoc esset.* De même ce pecheur effrayé s'adresse à quelque Directeur éclairé qui marche à la suite du Sauveur, avec lequel il puisse conferer des troubles de sa conscience agitée , ainsi que saint Augustin fit avec Simplicien. Il luy demande ce que signifie ce bruit qu'il entend , *& interrogabat quid hoc esset ?* ces menaces interieures d'une mort funeste , *mors peccatorum pessima :* ce sort malheureux du mauvais riche enseveli dans les enfers , qui luy passe & repasse dans l'esprit , *mortuus est dives, & sepultus est in inferno,* & qui brûloit dans les flammes , *crucior in hac flamma ;* ce souvenir inquietant qui ne s'endort point, d'une fin prochaine : souvenez-vous , homme , que vous êtes poudre , & que vous retournerez en poudre , *memento homo quia pulvis es , & in pulverem reverteris.* Toutes ces terribles veritez, luy dit-il, retentissent à mes oreilles, & ne me donnent point de relâche : dites-moy, je vous prie, qu'est-ce que cela signifie ? Ce Directeur experimenté, ne manquera pas de luy répondre ce que ceux qui accompagnoient Jesus-Christ répondirent à nôtre Aveugle : C'est le Sauveur qui passe, *dixerunt autem ei quòd Jesus transiret.* Profitez de ce bonheur, voicy un temps de grace pour vous, *ecce nunc tempus acceptabile,* voicy des jours de salut, *ecce nunc dies salutis :* voicy l'heure favorable, *hora est nunc de somno surgere :* un jour viendra que plein de terreur vous chercherez peut-être ce Seigneur, qui se presente aujourd'huy si heureusement à vous, & que vous ne le trouverez pas : *quæretis me, & non invenietis :* allez donc à sa rencontre tandis que vous êtes sûr de le trouver : *Quærite Dominum dum inveniri potest :* invoquez sa misericorde tandis qu'il est temps, *invocate eum dum prope est,* & sachez que celuy qui laisse toûjours échapper l'occasion, merite que l'occasion s'échappe pour toûjours de luy, *qui deserit opportunitatem, opportunitas eum deseret.* Ce Seigneur qui crie en vous menaçant, montre bien qu'il ne veut pas vous exterminer en vous frappant, *qui sic clamat comminando, non vult ferire judicando,* dit saint Augustin.

Ces paroles donnent de l'esperance & de la consolation au pecheur, son cœur déja touché & amoli par la crainte, se laisse pénetrer à la douleur : la triste histoire de sa vie criminelle se développe tout d'un coup à ses yeux, il voit bien que c'est icy le coup décisif de son sort, & que s'il ne profite de ces momens de graces, il est perdu.

3°. Nôtre Aveugle prie, ou plûtost il crie : Jesus Fils de David, ayez pitié de moy : nous figurant par-là un pecheur allarmé qui commence à pleurer & à gemir : c'est ce qu'éprouva saint Augustin au moment de sa conversion : mais lors, dit-il, que le fond de ma misere & de ma corruption se fut presenté à moy, il s'éleva un orage dans mon cœur qui se fondit en un torrent de larmes : *Ubi verò à fundo arcano alta consideratio congeßit totam miseriam meam in conspectum cordis mei, oborta est procella ingens ferens ingentem imbrem lachrymarum.* Nôtre Aveugle ayant donc appris que Jesus-Christ passoit, se mit à crier : Jesus Fils de David, prenez pitié de moy, *Jesu fili David, miserere mei* : mais ce fut de ces sortes de clameurs, qui faisant monter vers le Ciel la misere, en font descendre la misericorde : Fils de David, prenez pitié de moy. Souvenez-vous de la douceur & de la clemence de ce grand Roy dont vous descendez, moins celebre pour avoir vaincu ses ennemis, que pour leur avoir pardonné, *Memento Domine David, & omnis mansuetudinis ejus :* ouvrez vos yeux sur moy, afin que j'ouvre les miens sur vous : regardez moy, afin que je vous regarde : je suis encore aveugle, mais je ne suis plus rebelle à la lumiere : traitez-moy donc com-un malade & non comme un ennemy, puis que le repentir de mes crimes m'a arraché les armes que j'avois prises contre vous : *Fili David, miserere mei.*

Tels sont les cris d'un pecheur touché qui desire de sortir de son aveuglement, & qui, semblable à

nôtre Aveugle, nous apprend par ses instances réi-
terées à ne nous pas rebuter dans la priere, quoy que
nous ne soyons pas d'abord exaucez, mais à redou-
bler nos soupirs & nos larmes auprés de celuy qui
donne avec plaisir, quand on luy demande avec im-
portunité. Le Sauveur ne paroist écouter ny s'arrester,
ny vouloir appeller cet aveugle à ses premiers cris :
Il faut qu'il les redouble : Moyse du premier coup ne
tira pas de l'eau du rocher.

4°. Nôtre Aveugle surmonte les obstacles qui
s'opposoient à sa guérison : car comme il crioit ex-
trémement haut : Fils de David, prenez pitié de moy,
ceux qui précedoient le Sauveur importunez de ses
clameurs, luy ordonnerent de se taire : *Et qui præibant
increpabant eum ut taceret.* En effet celuy qui veut aller
à Dieu, qui medite de se convertir, & qui prie,
ou plûtôt qui crie & qui demande avec instance à
Dieu la lumiere, ne manque pas d'opposition & de
contradiction de la part des enfans de tenebres. Voicy ce qu'en dit saint Augustin : Lors qu'un fidele
commence à vouloir bien vivre, à pratiquer les bonnes œuvres, & à mépriser les vanitez, aussi tôt les
amateurs du monde corrompu s'élevent contre luy :
*Cùm quisque Christianus cœperit benè vivere, fervere bonis
operibus, mundum contemnere, in ipsa novitate operum suo-
rum patitur reprehensores & contradictores frigidos Chri-
stianos.* Tous ses parens & ses amis s'opposent à son
dessein : *Omnes sui cognati, affines, amici commoventur,
qui diligunt saeculum contradicunt.* Avez-vous perdu l'esprit, luy disent-ils, à quoy bon ces singularitez,

est-ce que les autres ne sont pas Chrétiens? pourquoy
ne pas vivre comme tant de gens vivent ? vous en
voulez trop faire, la tête vous a tourné, *quid insanis ni-*
miùs es, numquid alii non sunt Christiani? ista stultitia est, ista
dementia est. C'est la troupe qui crie pour empêcher
que l'aveugle ne crie, *talia turba clamabat, ne cæcus*
clamet, turba clamantem coripiebat : ils veulent l'obliger
à se taire & à ne pas crier, *& qui præibant increpabant*
eum ut taceret. Jamais les Israëlites ne furent plus op-
primez, que quand ils voulurent se soustraire à la
tyrannie de Pharaon. Il y en a qui à ces injures ajoû-
tent des menaces, *& comminabantur ei :* vos devotions
& vos scrupules ne conviennent point aux emplois
qu'on vous a donnez, nous ne voulons point icy
tant de consciences délicates, ny tant de censeurs ri-
gides de nos actions, si vous étes de cette humeur-
là, cherchez, vous & vôtre famille à subsister ailleurs, *& comminabantur ei.*

A ces premiers ennemis en succedent de seconds
d'autant plus à craindre, qu'ils sont interieurs ; car
que signifie, dit saint Gregoire, ces gens qui pré-
cedent le Sauveur, & qui veulent obliger cet aveugle à se taire, sinon les tentations des vices charnels
qui viennent en foule nous imposer silence, & in-
terrompre nos cris dans la priere, pour empêcher
que le Sauveur ne vienne à nous ? *& qui præibant*
increpabant eum ut taceret. Quid autem designant isti qui
Jesum venientem præcedunt, dit ce grand Pape, *nisi de-*
sideriorum carnalium turbas tumultusque vitiorum, qui priùs-
quam Jesus ad cor nostrum veniat, tentationibus suis cogita-

tionem nostram dissipant , & voces cordis in oratione pertur-
bant , & voces deprecationis premunt.

C'étoit aussi ce que saint Augustin témoigne avoir
éprouvé lors de sa conversion, par ces paroles : Mes
anciennes vanitez me retenoient toûjours, & me ti-
rant par la robe de ma chair fragile , elles me disoient :
Eh ! quoy vous nous quittez ? & vous nous dites un
adieu éternel ? quoy jamais tel & tel plaisir ne vous
sera permis ? pensez-vous bien pouvoir vous priver
de nous le reste de vôtre vie , me disoient à l'oreille
les habitudes inveterées du vice que j'avois contra-
&ctées ? *Dimittisne nos & à momento isto non tibi licebit*
hoc & illud ultra in æternum? cùm diceret mihi consuetudo
violenta , putasne sine isto poteris? recede à proposito , cessa
clamare , & audiebam eas ut tacerem.

Mais sur tout combien grandes sont les tentations
du démon contre les personnes qui veulent se consa-
crer à Dieu dans la profession religieuse ? Voyons-
les en peu de mots dans celles que cet esprit artifi-
cieux suscita au bienheureux Antoine dans le desert ,
ainsi que saint Athanase l'écrit.

Le démon pour luy faire abandonner son entre-
prise , luy remettoit devant les yeux son patrimoine
si agréable , cette sœur si chere , sa noble parenté , la
possession des choses du monde , le brillant du siecle , les mets délicieux de la table , & tous les charmes d'une vie douce & voluptueuse : ensuite il luy
faisoit voir l'âpreté de la vertu & les travaux que coûte
son acquisition : enfin , l'infirmité du corps à soûte-
nir une vie si penible & si dure , & à y perseverer pen-
dant

dant une longue suite d'années. Toutes ces tentations étoient autant de voix qui luy disoient de se taire, & de se désister du dessein qu'il avoit d'aller au Seigneur. *Et increpabant eum ut taceret : & primò quidem diabolus tentans si quomodo posset ab abrepto eum instituto retrahere, immittebat ei memoriam possessionum, sororis defensionem, generis nobilitatem, amorem rerum, fluxam saculi gloriam, esse variam delectationem, & reliqua vitae remissioris blandimenta : postremo virtutis arduum finem, & maximum perveniendi laborem, necnon & corporis fragilitatem suggerebat, & aetatis spatia prolixa prorsus maximam ei cogitationum caliginem suscitabat, volens eum à recto proposito revocare ; postquam autem perseveraverit orando, &c.*

Peut-estre aussi, selon saint Hilaire, que les Pharisiens incredules, supportoient avec peine que cet aveugle reconnût & publiât hautement que Jesus-Christ étoit le Messie, & que malgré leurs défenses & leurs menaces, il criât encore plus haut, Jesus Fils de David, prenez pitié de moy : *Acerbè à caecis audiunt quod negabant : Dominum esse David filium. Illuminatis enim caecorum mentibus, Deus in homine praedicabatur. Ut verum esset quod à Domino dictum est, in judicium mundi hujus veni, ut qui vident non videant, caeci verò respiciant. At ille magis clamat : & demorante legis populo, vehementiorem fidei suae protestatur calorem.* Ce qui nous apprend que plus les heretiques s'opposent à ce que les Docteurs Catholiques prêchent hardiment la foy, plus ceux-cy doivent-ils hausser leurs voix & publier la verité.

Tels sont les adversaires qu'il faut surmonter pour parvenir à la lumiere dont le Seigneur veut dissiper

H

nos tenebres : *Et increpabant eum ut taceret , ipse verò multò magis clamabat.*

TROISIE'ME CONSIDERATION.

Enfin voicy l'heureux achevement de la conversion d'un pecheur, figurée par la guerison de nôtre aveugle, dont il est bon d'examiner les circonstances.

1°. Jesus-Christ s'arrête : *& stans Jesus.* D'abord on avoit dit à ce pauvre affligé que le Sauveur passoit : *dixerunt ei quod Jesus transiret :* mais ce Seigneur touché de tant de cris , & d'une telle preseverance à l'invoquer, s'arrête , ainsi qu'observe S. Gregoire : *& ecce stat qui transibat :* car l'oraison fervente & assiduë , a la force & la vertu , poursuit ce Pere , de fixer le Sauveur qui passeroit , s'il n'étoit comme lié par nos cris : *Nam cùm in oratione nostra vehementer insistimus , transeuntem Jesum figimus :* d'où vient que le Prophete disoit : J'ay crié au Seigneur quand j'étois dans la tribulation , & il m'a exaucé : *Ad Dominum cùm tribularer clamavi , & exaudivit me.* En effet, poursuit saint Gregoire, *passer,* c'est un mouvement de l'humanité : mais être immuable, c'est un caractere de la divinité : *Transire namque humanitatis est , stare divinitatis.* Saint Augustin avoit fait cette même remarque , *divinitas stat , humanitas transit.* Le Seigneur entendit cet aveugle en passant , mais il l'illumina en s'arrestant. *Cæcum igitur clamantem Dominus transiens audivit , sed stans illuminavit.* Car à la verité son humanité luy a donné compassion de nôtre aveuglement & de nos cris : mais c'est sa divinité qui nous guérit de nos infirmitez, qui dissipe nos tenebres, & qui nous communique la lumiere de sa grace. *Qui per humanitatem suam vocibus nostræ cæcitatis compatiendo misertus est, sed lumen nobis gratiæ per potentiam divinitatis infudit.*

De plus Jesus-Christ s'arreste par charité pour ceux qui commencent à vouloir venir à luy, parce qu'ils ne pourroient pas d'abord le suivre à trop grands pas dans le chemin de la vertu, dont ils ne sont pas encore capables. *Multa habeo vobis dicere quæ non potestis portare modo.*

2°. Jesus-Christ l'appelle, *& stetit Jesus & vocavit eum:* cette vocation est un effet de ce que cet aveugle avoit prié, & de ce que le Sauveur s'étoit arresté : & une image de la justification du pecheur que Dieu appelle à la participation de son admirable lumiere, ainsi que s'exprime l'Apôtre saint Pierre, sans quoy le pecheur n'iroit jamais à luy. Il commande qu'on le luy amene : *præcepit eum vocari ad se :* c'est à dire que quelque Directeur éclairé comme un autre Ananias le luy conduise : & quand le Seigneur commande ainsi, tous les obstacles cessent : ceux qui s'opposent au pieux dessein de cet aveugle, l'encouragent à la perseverance : *vocant Cæcum dicentes ei :* Ils tranquilisent eux-mêmes sa conscience, jusqu'alors agitée, luy disant, *Animæquior esto :* ils l'encouragent à rompre ses mauvaises habitudes : *Surge :* levez-vous : ils l'animent à suivre l'attrait de sa vocation : *vocat te :* allez, le Sauveur vous appelle : & Dieu fait ainsi servir les pecheurs à la sanctification de ses élus. Sur quoy saint

Augustin remarque l'inconstance & la malignité des
amateurs du siecle, qui contrarient toûjours ceux qui
veulent se donner à Dieu, tandis qu'ils croyent pouvoir les en empécher, & qui les canonisent si-tost
qu'ils voyent que le monde leur applaudit : de sorte
qu'ils s'opposent au bien par malice, & qu'ils n'ap-
prouvent le bien que par respect humain. *Si autem
perseveraverit & mundanos superaverit perdurando & non
deficiendo à bonis operibus, iidem ipsi jam obsequuntur qui
antea prohibebant, tamdiu enim corripiunt, & perturb-
bant, & vetant, quamdiu sibi cedi posse præsumunt : si autem victi fuerint perseverantiâ proficientium, convertunt se
& dicere incipiunt : Magnus homo, sanctus homo, fœlix cui
Deus concessit, honorant, congratulantur, benedicunt, lau-
dant, quomodo illa turba quæ cum Deo erat, ipsa prohibe-
bat ne cœcus clamaret, sed postquam ita clamavit ut merere-
tur audiri, & impetrare misericordiam Domini, ipsa turba
rursum dicit animæquior esto, surge, vocat te.* C'est ainsi
que les Apôtres voyant dans l'obscurité Jesus-Christ
marcher sur les eaux, disoient que c'estoit un phanto-
me : mais l'ayant approché, ils le reconnurent & l'ado-
rerent. La conversion de votre frere vous paroit de loin
n'estre qu'une imagination, mais l'examinant de prés,
vous trouvez qu'elle est solide, & vous le respectez.

Nôtre aveugle apprenant donc que Jesus-Christ
l'appelloit, jetta par terre son pauvre vétement : car
il faut se dépoüiller du vieil-homme, si l'on veut se
revêtir du nouveau, & quitter les moindres choses
qui pourroient nous appesantir, ou nous embarrasse,
ou retarder notre union à Dieu, ou nous être des oc-

casions d'offenser Dieu, ainsi qu'il arriva au chaste Joseph, qui pour ne pas demeurer un moment dans un lieu dangereux, laissa son manteau, & s'enfuit : notre aveugle donc jetta par terre son vêtement, & transporté de joye il vint vers Jesus, *qui projecto vesti-mento suo exiliens venit ad eum :* jusqu'alors on l'avoit amené au Sauveur : *præcepit eum adduci ad se :* à present il marche, il va luy-même sans autre soutien exterieur : *exiliens venit ad eum.* La grace le fortifie de plus en plus. Il est sans doute que tout ce grand peuple voyant le Sauveur s'arrester & appeller à luy ce pauvre aveugle, s'arresta aussi : ceux qui précedoient revinrent sur leurs pas : ceux qui suivoient se pres-serent : & tous les assistans curieux de sçavoir ce qui arriveroit, firent comme un grand cercle, à une ex-tremité duquel étoit Jesus-Christ, & cet aveugle à l'autre : parmy tant de gens, il y a toute apparence que les uns disoient, nous allons voir un miracle : d'autres, que ce ne seroit pas le premier dont ils au-roient esté témoins, & tous étoient attentifs & en si-lence : l'aveugle cependant traverse l'espace vuide, & s'approche de Jesus-Christ : *qui exiliens venit ad eum.* Quel spectacle, mes freres, si nous le considerons des yeux de la foy ! Cet aveugle est tout le genre humain dans la doctrine des Saints, & Jesus-Christ est son auteur : l'ouvrage revient entre les mains de son ouvrier.

Quoy donc, est-ce là cet homme créé à l'image & ressemblance de Dieu ! cet homme miserable, pau-vre, aveugle, défiguré, couvert de terre & d'ordure,

reveſtu de haillons , pâle & décharné , hideux à voir ,
le rebut du monde ! Triſte état où le peché l'a reduit : mortel , ignorant , dépoüillé de la grace , eſ-
clave du démon & du peché , déplorable victime
de l'enfer ! Qu'eſt devenuë cette dignité , cette beauté,
cette perfection premiere ! Où eſt reduit ce chef-
d'œuvre des mains de Dieu ? comment la créature
reduite en cet état , oſe t-elle s'approcher de ſon Créateur ? Mais cela ne ſuffit pas pour ſa guériſon , il faut
que la main miſericordieuſe de l'ouvrier donne à
l'ouvrage informe , ce que la nature luy avoit refuſé ,
ou que la maladie luy avoit ravy , dit ſaint Jerôme :
*Præſtat artifex quod natura non dederat , aut quod debilitas
tulerat.* En effet ,

3°. Jeſus Chriſt prend compaſſion de luy : *Miſer-
tus autem Jeſus* , dit ſaint Luc , & en ſa perſonne de
tout le genre humain , que cet aveugle repreſentoit :
& enſuite il luy demande , *quid tibi vis ut faciam?*
que voulez-vous que je vous faſſe ? Non que notre
divin Medecin ignorât les deſirs du malade , ſes
yeux & ſes cris le déclaroient aſſez : mais parce que
le Seigneur veut donner à l'humble aveu de ſa mi-
ſere , la guériſon des maux qui le rendent miſerable :
& qu'en le faiſant l'arbitre de ſon pouvoir , il ſen-
tît l'obligation qu'il contracteroit de faire un bon
uſage de la grace qu'il veut luy faire vouloir , & luy
accorder , & à laquelle il vouloit le faire cooperer.
C'eſt dans cet eſprit qu'Ezechias expoſa les lettres impies de Rapſaces devant le Seigneur , qui ſçavoit
aſſez ce qu'elles contenoient , & qui n'avoit pas be-

soin qu'on les luy presentast toutes ouvertes : mais
la desolation de ce pieux Prince exigea de luy une si
publique manifestation des angoisses de son cœur,
& des besoins qu'il avoit de la misericorde du Seigneur, aussi-bien que de son amoureuse confiance
en sa bonté paternelle. Or que Jesus-Christ eût compassion d'un malheureux, ce fut en luy un sentiment
d'humanité, & un témoignage qu'il étoit homme :
mais qu'il luy rendît la vûë, & luy accordât le salut, ce fut une preuve de sa divinité, *Dominus pa-
tiens humana, faciens divina*, dit saint Augustin. Imitons cet aveugle, s'écrie saint Gregoire, mes tres-
chers freres, ne demandons à Dieu ni les richesses
fausses & perissables, ni les biens terrestres, ni les
honneurs passagers : ne demandons pas mesme cette
lumiere bornée par une certaine étenduë de lieu,
& par une certaine durée de temps, & interrompuë
par les tenebres, laquelle nous est commune avec les
bestes : mais cherchons cette lumiere qui nous est
commune avec les Anges, cette lumiere qui n'a ni
commencement ni fin : immense dans sa grandeur,
éternelle dans sa durée. *Non falsas divitias, non terrena
bona, non fugitivos honores à Domino : sed lucem quæramus,
nec lucem quæ loco clauditur, quæ tempore finitur, quæ no-
ctium interruptione variatur, quæ nobis communis cum pe-
coribus cernitur, sed lucem quæramus quam videre cum solis
Angelis possimus, quam nec initium inchoat, nec finis an-
gustat.* Et ce sera pour lors, ajoûte saint Augustin,
que ceux qui auront plus desiré la lumiere que le
Sauveur peut leur communiquer, qu'ils n'ont craint

les menaces des enfans des tenebres qui vouloient les
empescher de l'obtenir, verront Jesus-Christ s'arrester
& les guérir. *Qui plus amaverint lucem quam Christus
est redditurus, quàm timuerint strepitum prohibentium, sta-
bit Jesus & sanabit eos.*

Imitons encore icy cet aveugle, mes tres-chers
freres, il estoit pauvre, & il étoit mandiant : sentons
notre indigence, gemissons de notre aveuglement,
& mandions comme luy, non le pain materiel, mais
la lumiere, *sedet juxta viam, & mendicat lucem*, dit
saint Gregoire : il appelle mesme Jesus-Christ du nom
de Precepteur & de Maistre, selon saint Marc, *Rab-
boni ut videam*, nous faisant comprendre que ce Docteur des nations devoit par sa science éclairer nos
tenebres & dissiper notre ignorance. *Hoc igitur imi-
temur*, dit saint Chrysostome, *& si vel tardior Deus
ad tribuendum sit, vel multi ut importunos retrudant, non
cessemus tamen petere, scientes hoc pacto maximè Deum à
nobis posse placari. Sic enim etiam ardentem cæci hujus vo-
luntatem non pauperies, non cæcitas, non quia continuo non
fuerit auditus, non quia turbæ repellebant, non denique ulla
res alia potuit extinguere, talis quippe est laborans & inflam-
matus animus.*

Seigneur, luy dit-il, que je voye : *Domine, ut videam :* qu'est-ce que cecy, mes freres, dit saint Chrysostome, d'où vient ce changement de langage ? cet
Aveugle n'appelle plus Jesus-Christ *Fils de David* : il
l'appelle *Seigneur :* En effet, *le Fils de David* pouvoit
bien le plaindre : mais le Seigneur seul pouvoit le
guérir : *Filius David cæcos illuminare non potest, Filius Dei
potest :*

potest : quandiu dixit Filius David, sanitas non est impertita : ut dixit, Domine, sanitas est infusa : le Fils de David le toucha, mais le Fils de Dieu le guérit : *tetigit ut Filius David, sanavit ut Filius Dei :* il ne dit donc pas, *Fils de David,* faites que je voye, mais *Seigneur,* faites que je voye : Dieu seul étant le vray Seigneur par excellence : *verè nemo Dominus est nisi Deus :* parce qu'en effet il n'a pas besoin de nôtre servitude, mais nous avons besoin de sa domination : ce qui ne convient qu'à Dieu seul : *quoniam tu solus Dominus.*

4°. Jesus-Christ le touche & le guérit. *Tetigit eum & dixit illi respice, vade, fides tua te salvum fecit, & confestim vidit.* Voyez, luy dit-il, allez, votre foy vous a sauvé. Jesus-Christ luy donne plus qu'il n'a demandé, il demandoit les yeux du corps, Jesus-Christ les luy accorde, & avec eux il luy donne le salut de l'ame, que sa demande ne contenoit pas.

Le voilà donc guéri de son infirmité, voilà l'ouvrage perfectionné & reparé, parce que son ouvrier l'a touché : car il est bon d'observer icy la difference qu'il y a entre estre touché de Dieu, & estre touché d'un homme. Un Prédicateur nous touche, quand par ses discours, il excite en nous quelque mouvement de pieté : mais Dieu nous touche quand il perfectionne en nous son ouvrage : c'est ainsi en quelque façon que le Peintre & le Sculpteur touchent leur figure encore imparfaite, quand ils luy forment des yeux, ou des oreilles, une bouche, ou des bras & des mains qu'elle n'avoit pas : ainsi le Seigneur nous touche, dit saint Chrysostome, quand il nous donne la grace du saint Esprit ; *tangere Christi est dare gratiam Spiritus sancti.* Quand il nous donne, ou un esprit éclairé, ou l'oüie de la foy, ou une langue pour confesser la verité, ou la force pour faire de bonnes œuvres, ou la ferveur pour marcher dans la voye de ses commandemens. Au reste, notre aveugle ne se contente pas seulement de joüir de la lumiere, il veut encore suivre Jesus-Christ qu'il voit. *Et confestim vidit, & sequebatur eum in via, magnificans Deum.* Profitons, mes freres, de cette excellente leçon, ne nous contentons pas d'avoir la foy, ajoûtons-y les bonnes œuvres : car qu'est-ce que suivre Jesus Christ, dit saint Augustin, si ce n'est imiter sa vie & ses vertus ? *Qui mihi ministrat, me sequatur, id est me imitetur.* JESUS CHRIST a souffert pour vous, nous montrant l'exemple de sortir de la voye large qui conduit à la mort, dans laquelle cet aveugle étoit assis, & de suivre pas à pas ses vestiges, dans le chemin étroit qui conduit à la vie. *Christus passus est pro vobis, nobis relinquens exemplum ut sequamini vestigia ejus.* Et en effet, JESUS-CHRIST sortoit de Jericho pour aller à Jerusalem s'immoler pour nous sur le Calvaire, & nous immoler avec luy : & c'est là où cet heureux aveugle le suit. Demandons à Dieu la guerison de nôtre aveuglement spirituel avec la même ardeur que ce malade demandoit la guerison de son aveuglement corporel. Demandons luy une voix pour prier, des yeux pour voir, des pieds pour marcher : afin de prier, de voir, & de suivre par les bonnes œuvres celuy que nous aurons connu par les lumieres de la foy, ajoûte Saint Gregoire, *Jesum quem mente cernimus, opere sequamur, aspiciamus quâ graditur, & ejus vestigia imitando teneamus.* Ne le suivons pas des pieds du corps, comme la troupe qui veut nousimposer silence, mais par les vertus de l'ame, dit Saint Jerôme. *Non pedibus, sed virtutibus,* ou, comme s'exprime Saint Augustin, *non corporis gressibus, sed cordis affectibus.* Sortons de Jericho, c'est à dire de cette Babylone inconstante, car c'est ce que veut dire le mot de Jericho, & cherchons une Cité permanente. Marchons aprés JESUS CHRIST dans tous les mysteres de sa vie terrestre, afin d'arriver avec luy dans la Jerusalem celeste : passons avec le Fils de David en ce monde, afin de nous arrester avec le Fils de Dieu en l'autre. *Quomodo per fidem,* dit Augustin, *sentimus Christum transeuntem temporali dispensatione, sic intelligimus Christum stantem incommutabili æternitate, ibi enim sanatur oculus, quando intelligitur Christi divinitas.* Demandons au Seigneur cette lumiere interieure, dont la lumiere exterieure n'est que la figure : fermons les yeux à la lumiere humaine, qui ne nous apporte que du trouble & de l'incertitude : ouvrons-les à cette lumiere divine, qui s'insinuë en notre ame avec douceur, & qui calme nos inquietudes avec empire : qui nous émeut, & qui nous tranquilise : qui nous afflige en nous découvrant notre corruption, & qui nous console en nous en faisant voir le remede : qui nous reprent & qui nous encourage : qui nous humilie, & qui nous releve : qui nous fait répandre des larmes, & qui les essuye : qui nous fait gémir dans cet exil, & qui nous donne un avantgoust de notre patrie,

Enfin rendons gloire à Dieu avec cet aveugle qui fut
illuminé , & avec tout ce peuple qui fut édifié , afin
que nous puissions parvenir dans ce lieu de lumiere,
où le Seigneur des clartez nous rendra la gloire que
nous luy aurons donnée dans ce lieu d'obscurité : *Et
omnis plebs ut vidit dedit laudem Deo.*

FIN.

Février 1706.